Impressum
Verlag: BABADADA GmbH, Nedderfeld 112 , 22529 Hamburg
Geschäftsführer / Verlagsleitung: Harald Hof
Druck: Books on Demand GmbH, In de Tarpen 42, 22848 Norderstedt

Imprint
Publisher: BABADADA GmbH, Nedderfeld 112 , 22529 Hamburg, Germany
Managing Director / Publishing direction: Harald Hof
Print: Books on Demand GmbH, In de Tarpen 42, 22848 Norderstedt, Germany

skola

escola

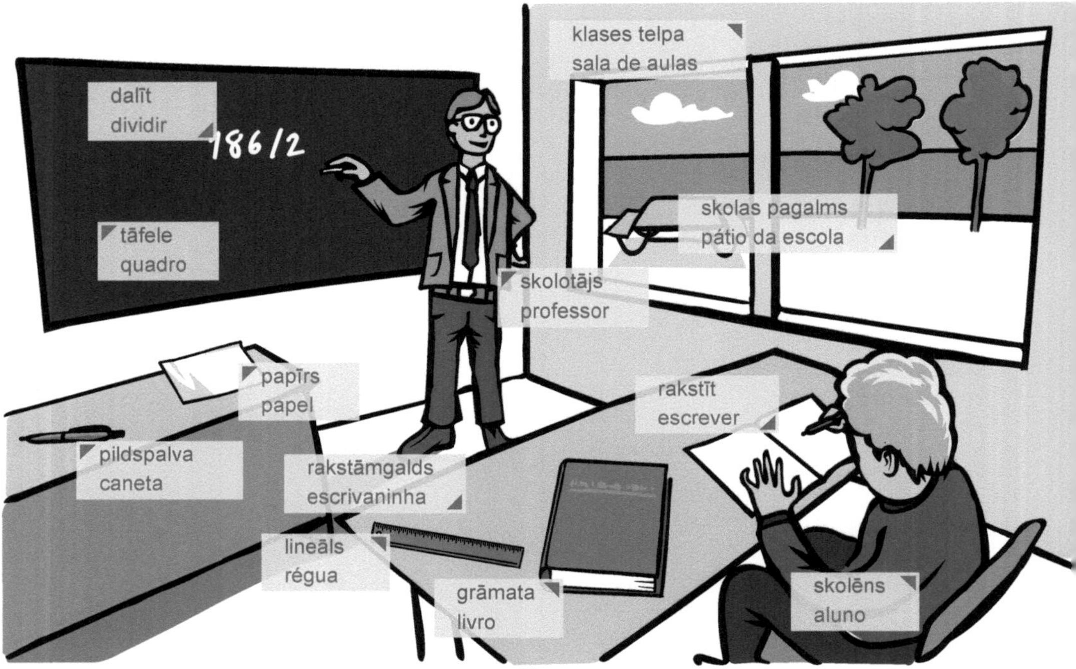

klases telpa
sala de aulas
dalīt
dividir
186/2
tāfele
quadro
skolas pagalms
pátio da escola
skolotājs
professor
papīrs
papel
rakstīt
escrever
pildspalva
caneta
rakstāmgalds
escrivaninha
lineāls
régua
grāmata
livro
skolēns
aluno

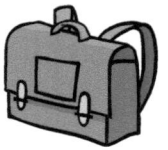

skolas soma

sacola

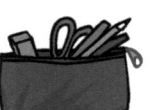

penālis

estojo de lápis

zīmulis

lápis

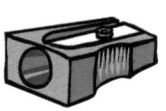

zīmuļu asināmais

apontador de lápis

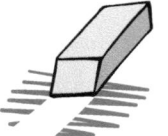

dzēšgumija

borracha

zīmēšanas bloks

bloco de desenho

zīmējums

desenho

ota

pincel

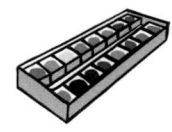

krāsas

estojo de tintas

šķēres

tesoura

līme

cola

darba burtnīca

livro de exercícios

mājas darbs

lição de casa

12

skaitlis

número

2+2

saskaitīt

somar

5-2

atņemt

subtrair

2×2

reizināt

multiplicar

rēķināt

calcular

A

burts

letra

**ABCDEFG
HIJKLMN
OPQRSTU
VWXYZ**

alfabēts

alfabeto

vārds

palavra

teksts

texto

lasīt

ler

krīts

giz

mācību stunda

hora

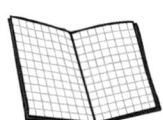

žurnāls

registro da classe

eksāmens

exame

liecība

certificado

skolas forma

uniforme escolar

izglītība

educação

enciklopēdija

enciclopédia

universitāte

universidade

mikroskops

microscópio

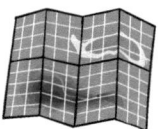

karte

mapa

papīrgrozs

cesto de lixo

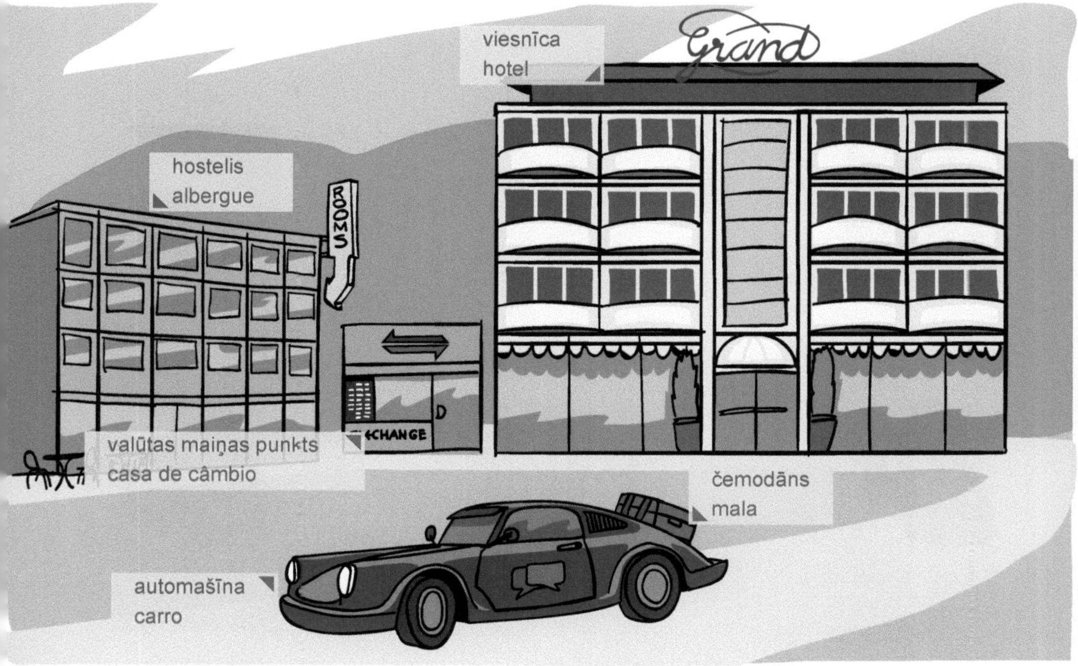
viesnīca
hotel
Grand
hostelis
albergue
ROOMS
valūtas maiņas punkts
casa de câmbio
EXCHANGE
čemodāns
mala
automašīna
carro

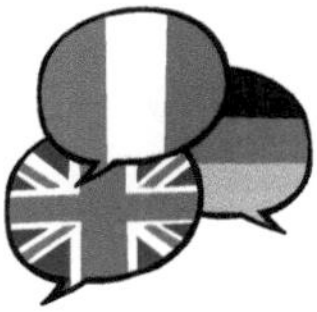

Valoda
idioma

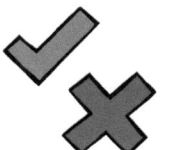

jā / nē
sim / não

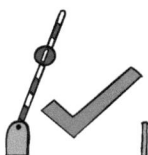

Okay
ok

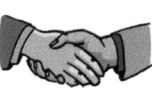

Sveiki!
Olá

tulks
tradutor

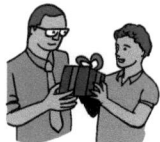

paldies
obrigado

Cik maksā...?

quanto custa...?

Es nesaprotu

eu não entendo

problēma

problema

Labvakar!

boa noite!

Labrīt!

Bom dia!

Ar labu nakti!

Boa noite!

Uz redzēšanos

até logo

virziens

direção

bagāža

bagagem

soma

bolsa

mugursoma

mochila

viesis

convidado

istaba

quarto

guļammaiss

saco de dormir

telts

barraca

tūrisma informācija

informação turística

pludmale

praia

kredītkarte

cartão de crédito

brokastis

café da manhã

pusdienas

almoço

vakariņas

jantar

biļete

bilhete

lifts

elevador

pastmarka

selo

robeža

fronteira

muita

alfândega

vēstniecība

embaixada

vīza

visto

pase

passaporte

transports
transporte

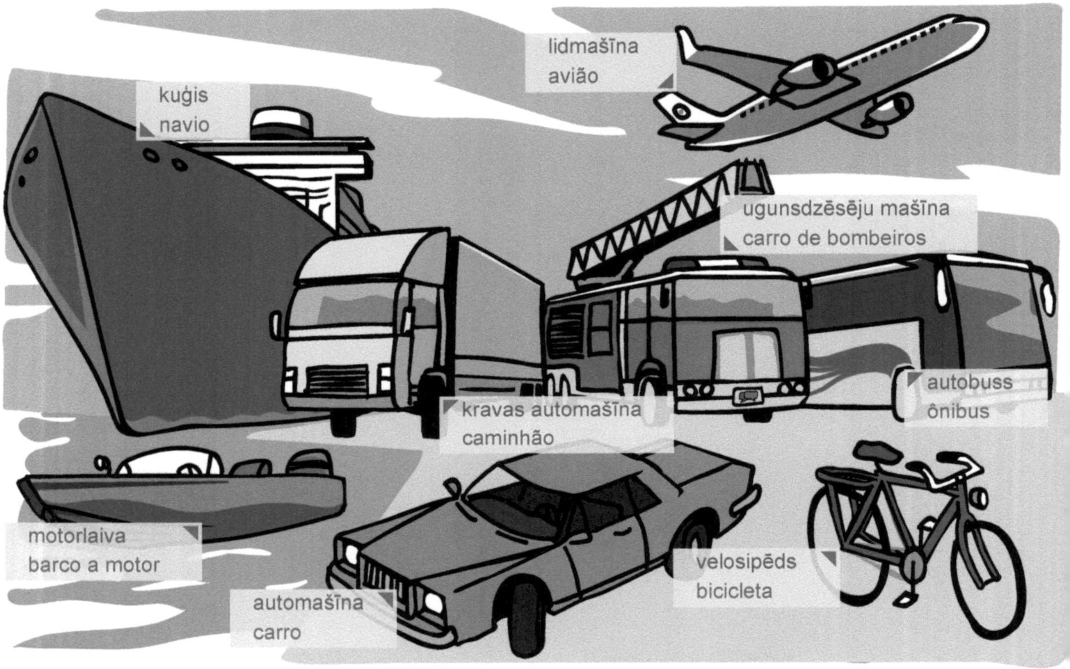
lidmašīna
avião
kuģis
navio
ugunsdzēsēju mašīna
carro de bombeiros
autobuss
ônibus
kravas automašīna
caminhão
motorlaiva
barco a motor
velosipēds
bicicleta
automašīna
carro

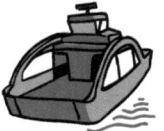

prāmis

balsa

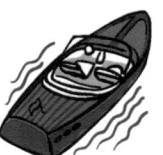

laiva

barco

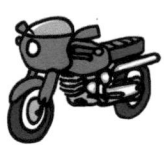

motocikls

motocicleta

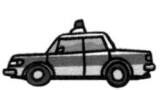

policijas automašīna

veículo policial

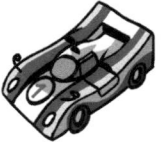

sacīkšu automobilis

carro de corrida

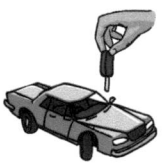

nomas auto

carro de aluguel

auto koplietošana

compartilhamento de automóvel

evakuators

caminhão de reboque

atkritumu mašīna

caminhão de lixo

dzinējs

motor

benzīns

combustível

degvielas uzpildes stacija

posto de gasolina

ceļa zīme

placa de trânsito

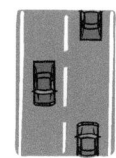

satiksme

trânsito

sastrēgums

trânsito lento

stāvvieta

estacionamento

dzelzceļa stacija

estação de trem

sliedes

trilhos

vilciens

trem

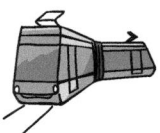

tramvajs

bonde

vagons

vagão

helikopters
helicóptero

lidosta
aeroporto

tornis
torre

pasažieris
passageiro

konteiners
contêiner

kaste
cartolina

ratiņi
carroça

grozs
cesto

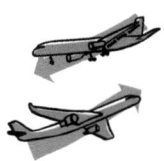

pacelties / nosēsties
decolar / pousar

pilsēta
cidade

ciems
vilarejo

pilsētas centrs
centro da cidade

māja
casa

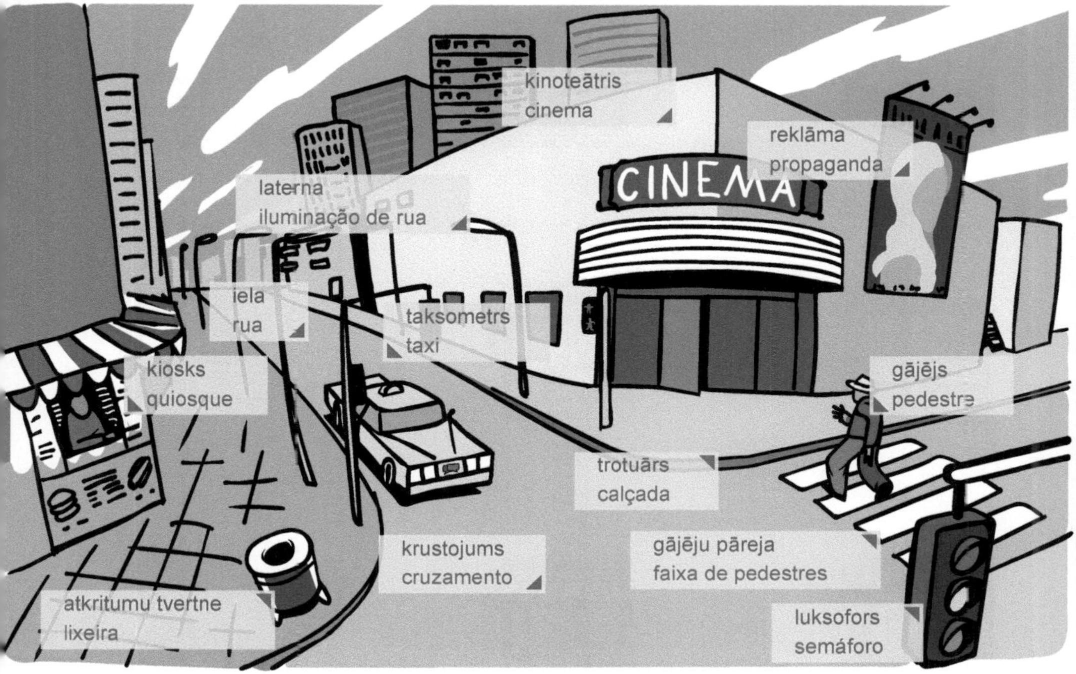
kinoteātris
cinema
CINEMA
reklāma
propaganda
laterna
iluminação de rua
iela
rua
taksometrs
taxi
kiosks
quiosque
gājējs
pedestre
trotuārs
calçada
krustojums
cruzamento
gājēju pāreja
faixa de pedestres
atkritumu tvertne
lixeira
luksofors
semáforo

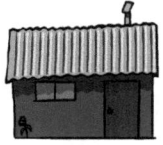

būda

cabana

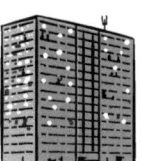

dzīvoklis

apartamento

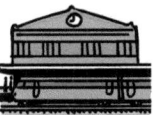

dzelzceļa stacija

estação de trem

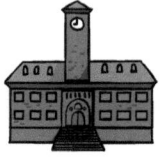

rātsnams

prefeitura

MUSEUM

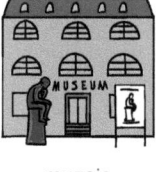

muzejs

museu

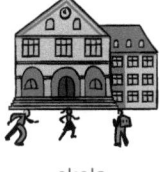

skola

escola

universitāte

universidade

banka

banco

slimnīca

hospital

viesnīca

hotel

aptieka

farmácia

birojs

escritório

grāmatnīca

livraria

veikals

loja

ziedu veikals

floricultura

lielveikals

supermercado

tirgus

mercado

tirdzniecības centrs

loja de departamentos

zivju tirgotājs

peixaria

tirdzniecības centrs

centro comercial

osta

porto

parks

parque

sols

banco

tilts

ponte

kāpnes

escadas

metro

metrô

tunelis

túnel

autobusa pieturvieta

ponto de ônibus

bārs

bar

restorāns

restaurante

pastkastīte

caixa de correspondência

ielas nosaukuma plāksne

placa de rua

stāvlaika skaitītājs

parquímetro

zooloģiskais dārzs

zoológico

peldbaseins

piscina

mošeja

mesquita

zemnieku saimniecība
fazenda

vides piesārņojums
poluição

kapsēta
cemitério

baznīca
igreja

spēļu laukums
parquinho

templis
templo

ainava
paisagem

lapa
folha

ceļrādis
placa de sinalização

ceļš
caminho

pļava
gramado

akmens
pedra

ceļotājs
caminhantes

koks
árvore

upe
rio

zāle
grama

puķe
flor

ieleja
vale

kalns
montanha

ezers
lago

mežs
floresta

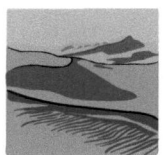

tuksnesis
deserto

vulkāns
vulcão

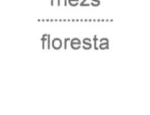

pils
castelo

varavīksne
arco-íris

sēne
cogumelo

palma
palmeira

moskīts
mosquito

muša
mosca

skudra
formiga

bite
abelha

zirneklis
aranha

vabole

besouro

varde

sapo

vāvere

esquilo

ezis

ouriço

zaķis

lebre

pūce

coruja

putns

pássaro

gulbis

cisne

meža cūka

javali

briedis

veado

alnis

alce

aizsprosts

barragem

vēja ģenerators

aerogerador

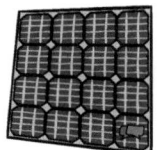

saules baterija

painel solar

klimats

clima

restorāns
restaurante

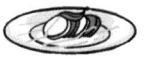

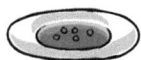

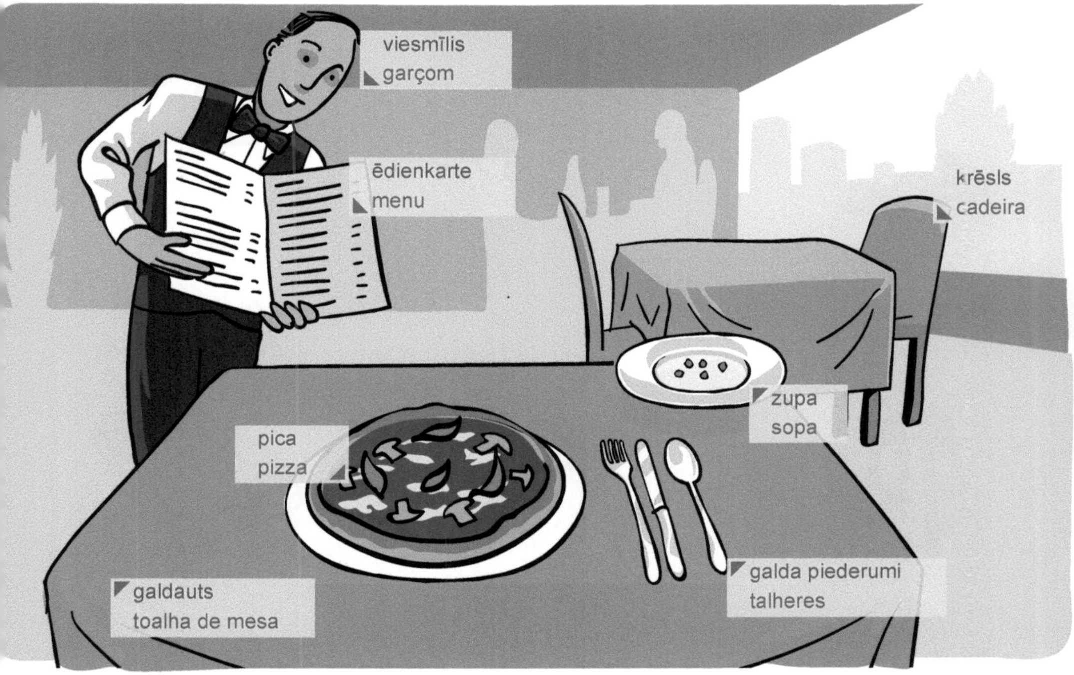

viesmīlis
garçom
ēdienkarte
menu
krēsls
cadeira
zupa
sopa
pica
pizza
galdauts
toalha de mesa
galda piederumi
talheres

uzkoda

entrada

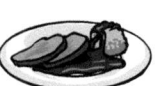

pamatēdiens

prato principal

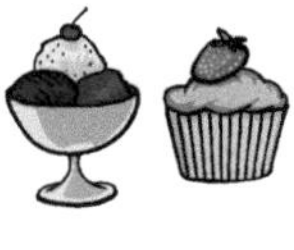

deserts

sobremesa

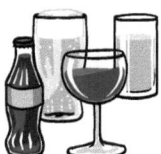

dzērieni

bebidas

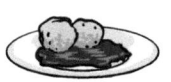

ēdiens

comida

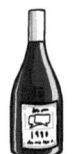

pudele

garrafa

ātrās uzkodas

fastfood

ielu uzkodas

comida de rua

tējkanna

bule de chá

cukurtrauks

açucareiro

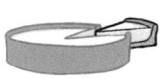

porcija

porção

espresso kafijas automāts

máquina de expresso

bāra krēsls

cadeirão

rēķins

conta

paplāte

bandeja

nazis

faca

dakša

garfo

karote

colher

tējkarote

colher de chá

salvete

guardanapo

glāze

copo

šķīvis

prato

zupas šķīvis

prato de sopa

apakštase

pires

mērce

molho

sāls trauciņš

saleiro

piparu dzirnaviņas

moedor de pimenta

etiķis

vinagre

eļļa

óleo

garšvielas

especiarias

kečups

ketchup

sinepes

mostarda

majonēze

maionese

lielveikals
supermercado

piedāvājums
oferta especial
FOR
klients
cliente
piena produkti
laticínios
augļi
frutas
iepirkumu ratiņi
carrinho de compras

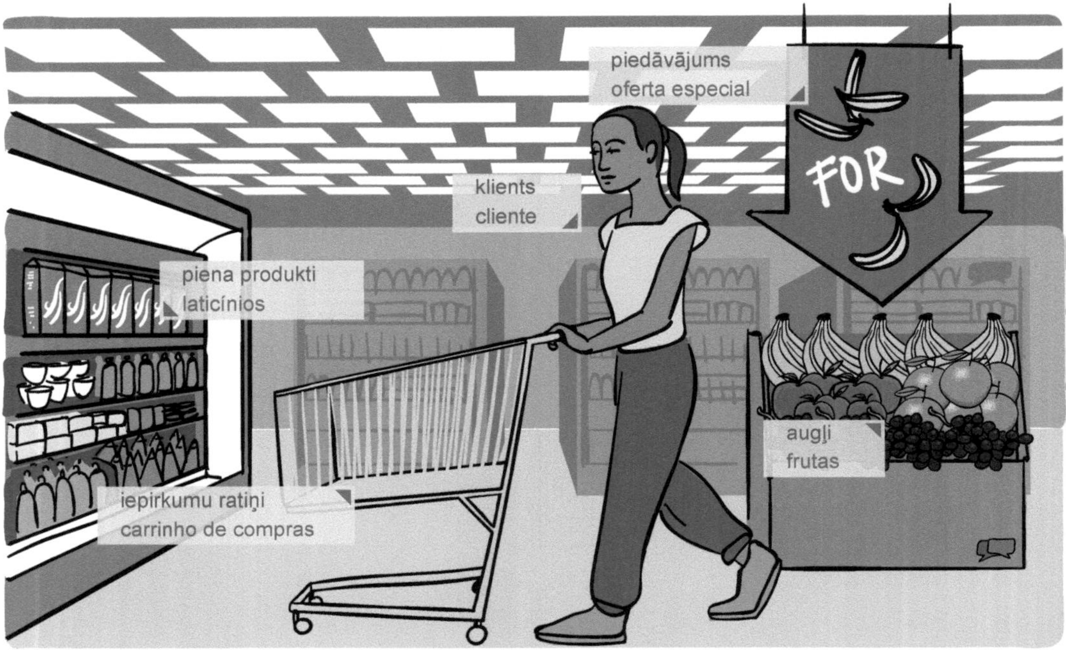

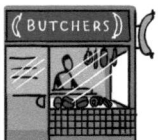

BUTCHERS

kautuve

açougue

BAKERY

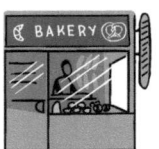

maizes veikals

padaria

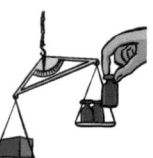

svērt

pesar

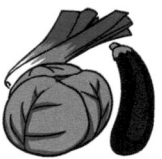

dārzeņi

legumes

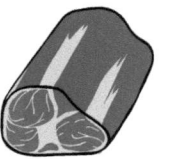

gaļa

carne

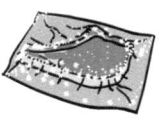

saldēti produkti

congelados

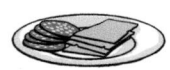

aukstās gaļas uzkodas

charcutaria

konservi

conservas

pulveris

detergente em pó

saldumi

doces

mājsaimniecības preces

artigos domésticos

tīrīšanas līdzeklis

produtos de limpeza

pārdevēja

vendedora

kase

caixa

kasieris

caixa

iepirkumu saraksts

lista de compras

darba laiks

horário de funcionamento

maks

carteira

kredītkarte

cartão de crédito

soma

sacola

maisiņš

saco plástico

ūdens

água

sula

suco

piens

leite

kola

coca-cola

vīns

vinho

alus

cerveja

alkohols

álcool

kakao

cacau

tēja

chá

kafija

café

espresso

expresso

kapučīno

cappuccino

banāns

banana

ābols

maçã

apelsīns

laranja

melone

melão

citrons

limão

burkāns

cenoura

ķiploks

alho

bambuss

bambu

sīpols

cebola

sēne

cogumelo

rieksti

nozes

makaroni

macarrão

spageti

espaguete

rīsi

arroz

salāti

salada

frī kartupeļi

batatas fritas

cepti kartupeļi

batatas frias

pica

pizza

hamburgers

hambúrger

sviestmaize

sanduíche

šnicele

escalope

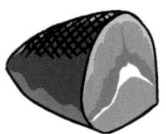

šķiņķis

presunto

salami

salame

desa

salsicha

vista

galinha

cepetis

assado

zivs

peixe

auzu pārslas

flocos de aveia

muslis

granola

brokastu pārslas

flocos de milho

milti

farinha

radziņš

croissant

brokastu maizītes

pãozinho

maize

pão

tostermaize

torrada

cepumi

biscoitos

sviests

manteiga

biezpiens

requeijão

kūka

bolo

ola

ovo

cepta ola

ovo frito

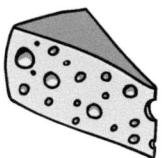

siers

queijo

saldējums
sorvete

cukurs
açúcar

medus
mel

marmelāde
geleia

riekstu krēms
creme de avelãs

karijs
curry

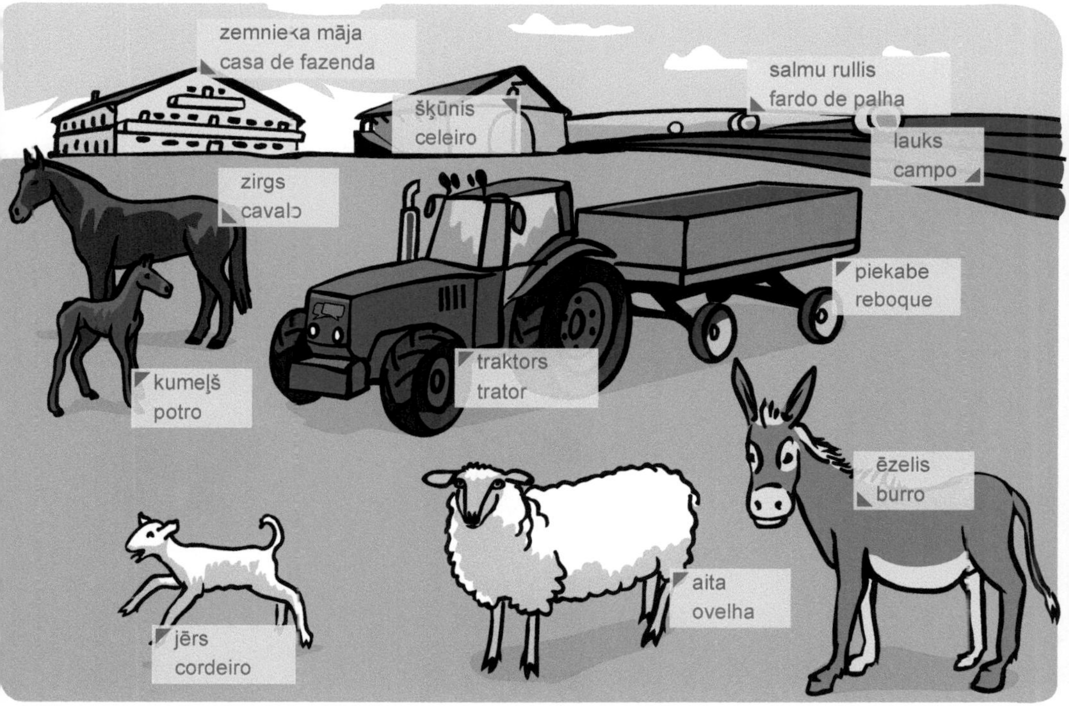

zemnieka māja
casa de fazenda

šķūnis
celeiro

salmu rullis
fardo de palha

lauks
campo

zirgs
cavalɔ

piekabe
reboque

kumeļš
potro

traktors
trator

ēzelis
burro

jērs
cordeiro

aita
ovelha

kaza

cabra

govs

vaca

teļš

bezerro

cūka

porco

sivēns

leitão

bullis

touro

zoss

ganso

pīle

pato

cālis

pintinho

vista

galinha

gailis

galo

žurka

ratazana

kaķis

gato

pele

camundongo

vērsis

boi

suns

cachorro

suņa būda

casinha do cachorro

dārza šļūtene

mangueira de jardim

lejkanna

regador

izkapts

foice

arkls

arado

sirpis

foice

kaplis

enxada

mēslu dakša

forquilha

cirvis

machado

ķerra

carrinho de mão

sile

manjedoura

piena kanna

jarra de leite

maiss

saco

žogs

cerca

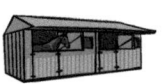

kūts

estábulo

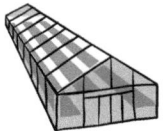

siltumnīca

estufa

augsne

solo

sēklas

semente

mēslojums

fertilizante

kombains

colheitadeira

novākt ražu

colher

raža

colheita

jamss

inhame

kvieši

trigo

soja

soja

kartupelis

batata

kukurūza

milho

rapsis

colza

augļu koks

árvore frutífera

manioka

mandioca

labība

cereais

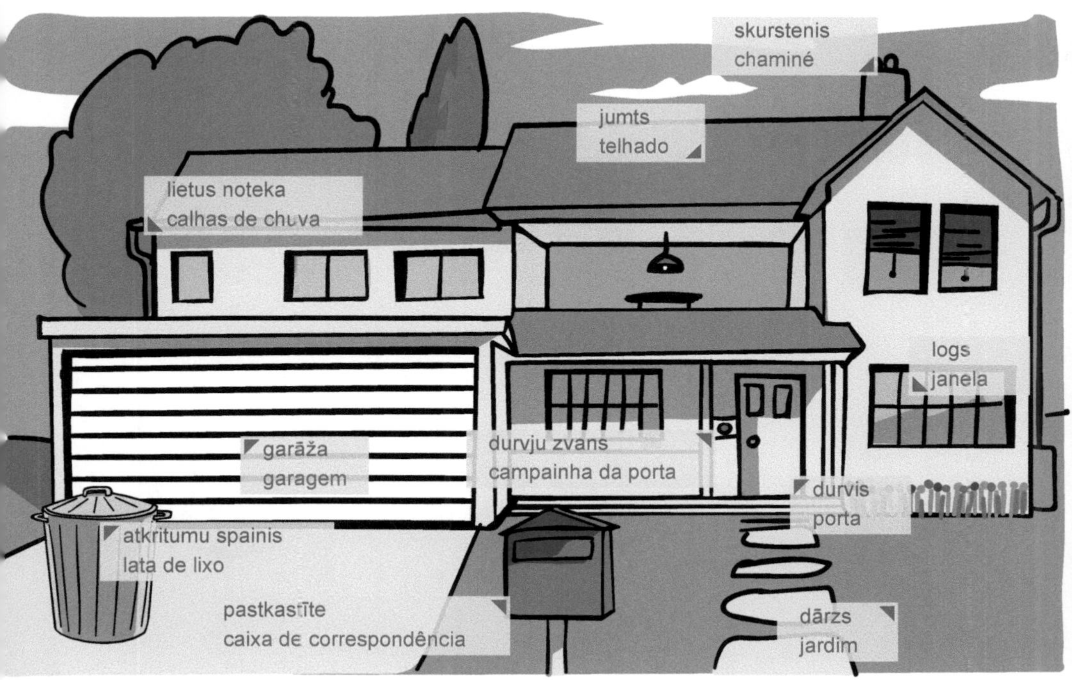

skurstenis
chaminé

jumts
telhado

lietus noteka
calhas de chuva

logs
janela

garāža
garagem

durvju zvans
campainha da porta

durvis
porta

atkritumu spainis
lata de lixo

pastkastīte
caixa de correspondência

dārzs
jardim

viesistaba

sala de estar

vannas istaba

banheiro

virtuve

cozinha

guļamistaba

quarto de dormir

bērnu istaba

quarto de criança

ēdamistaba

sala de jantar

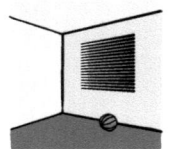

grīda
chão

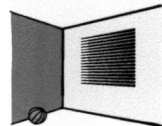

siena
parede

griesti
teto

pagrabs
porão

sauna
sauna

balkons
varanda

terase
terraço

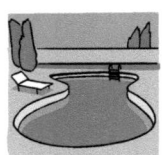

baseins
piscina

zāles pļāvējs
cortador de grama

gultas veļa
lençol

sega
coberta

gulta
cama

slota
vassoura

spainis
balde

slēdzis
interruptor

viesistaba

sala de estar

tapetes
papel de parede
attēls
quadro
lampa
lâmpada
plaukts
prateleira
skapis
armário
televizors
televisão
kamīns
lareira
puķe
flor
spilvens
travesseiro
dīvāns
sofá
vāze
vaso
tālvadības pults
controle remoto

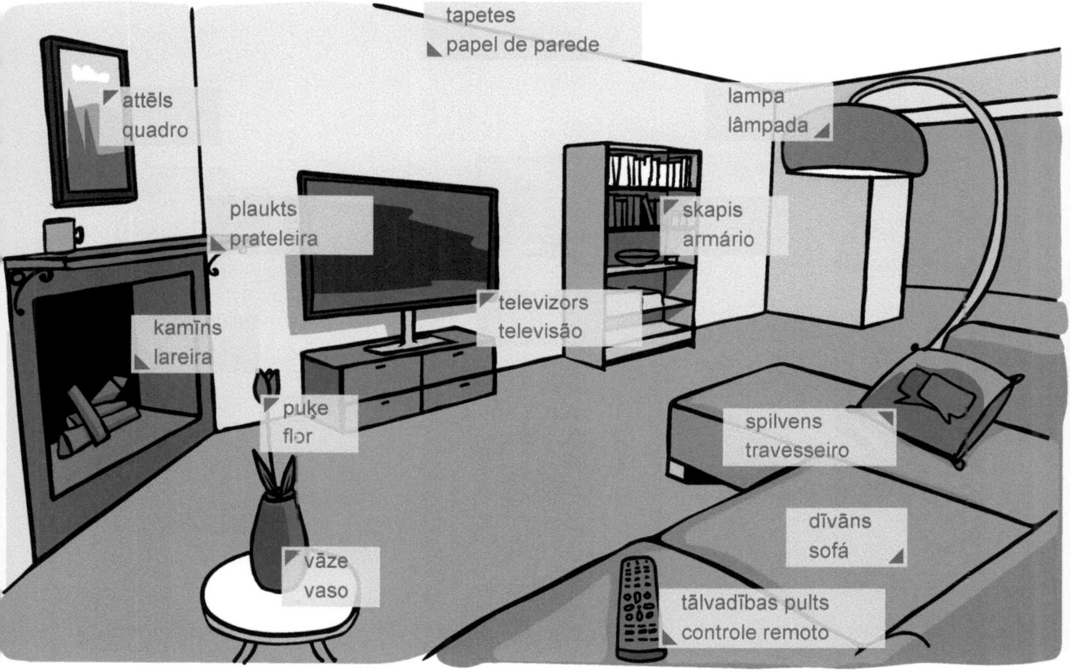

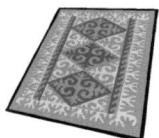

paklājs

tapete

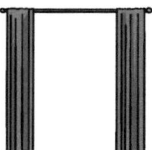

aizkars

cortina

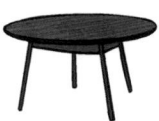

galds

mesa

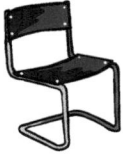

krēsls

cadeira

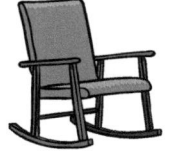

šūpuļkrēsls

cadeira de balanço

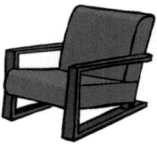

atpūtas krēsls

poltrona

grāmata

livro

sega

cobertor

dekorācija

decoração

malka

lenha

filma

filme

mūzikas centrs

equipamento de som

atslēga

chave

avīze

jornal

glezna

pintura

plakāts

pôster

radio

rádio

pierakstu blociņš

bloco de notas

putekļu sūcējs

aspirador

kaktuss

cacto

svece

vela

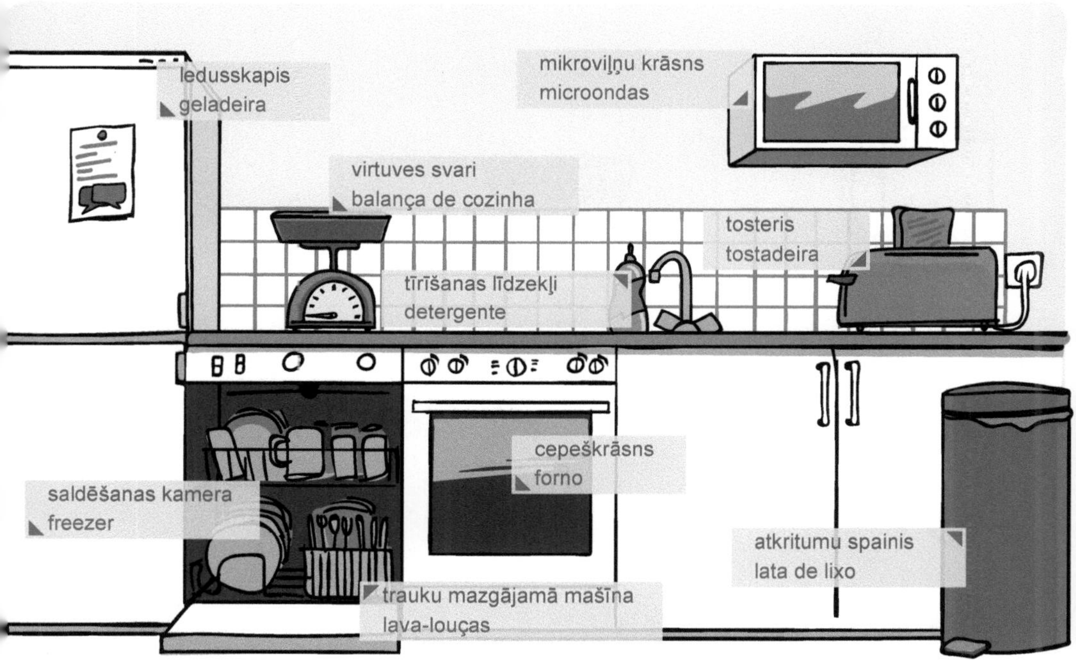

ledusskapis
geladeira

mikroviļņu krāsns
microondas

virtuves svari
balança de cozinha

tosteris
tostadeira

tīrīšanas līdzekļi
detergente

saldēšanas kamera
freezer

cepeškrāsns
forno

atkritumu spainis
lata de lixo

trauku mazgājamā mašīna
lava-louças

plīts

fogão

pods

panela

katls

panela de ferro

Wok panna

wok / kadai

panna

frigideira

elektriskā tējkanna

chaleira

tvaika katls

panela a vapor

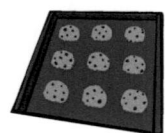

cepešpanna

tabuleiro de forno

trauki

louça

krūze

caneca

bļoda

caçarola

irbulīši

hashi

kauss

concha de sopa

lāpstiņa

espátula

putošanas slotiņa

batedor

sietiņš

escorredor

siets

peneira

rīve

ralador

piesta

almofariz

grilēt

churrasqueira

atklāts pavards

lareira

dēlis

tábua de cortar

mīklas rullis

rolo da massa

korķu viļķis

saca-rolhas

bundža

lata

konservu nazis

abridor de latas

virtuves cimdi

pegador de panela

izlietne

pia

birste

escova

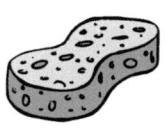

sūklis

esponja

mikseris

liquidificador

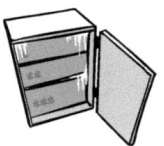

saldētava

congelador

bērna pudelīte

mamadeira

ūdenskrāns

torneira

vannas istaba
banheiro

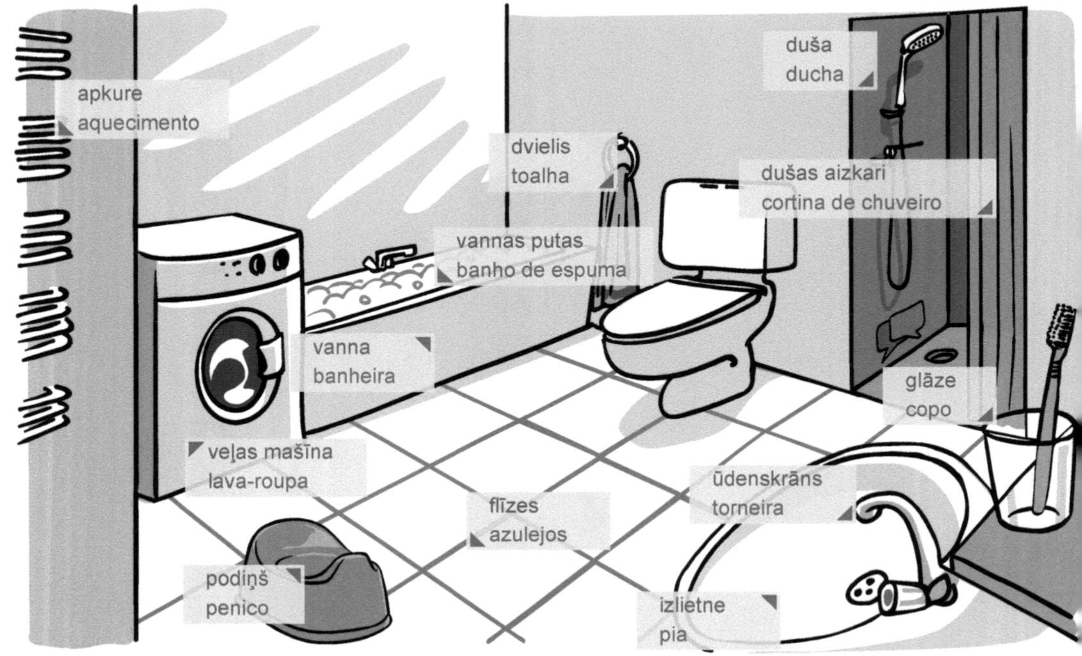

apkure
aquecimento
duša
ducha
dvielis
toalha
dušas aizkari
cortina de chuveiro
vannas putas
banho de espuma
vanna
banheira
glāze
copo
veļas mašīna
lava-roupa
ūdenskrāns
torneira
flīzes
azulejos
podiņš
penico
izlietne
pia

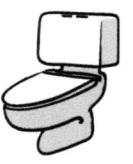

tualetes pods
vaso sanitário

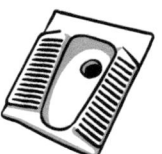

Āzijas tipa tualete
lavabo de agachar

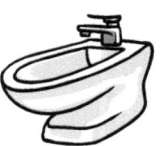

bidē
bidê

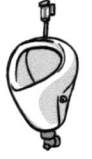

pisuārs
mictório

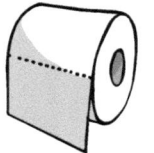

tualetes papīs
papel higiênico

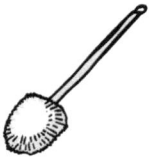

tualetes birste
escova de privada

zobu birste

escova de dentes

zobu pasta

pasta de dentes

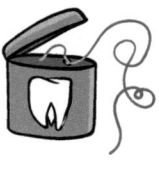

zobu diegs

fio dental

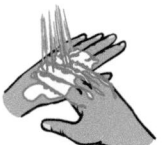

mazgāt

lavar

rokas duša

ducha de mão

duša

ducha íntima

bļoda

bacia

muguras mazgāšanas birste

escova para as costas

ziepes

sabonete

dušas želeja

gel de banho

šampūns

xampu

mazgāšanas drāna

toalha de rosto

noteka

escoamento

krēms

creme

dezodorants

desodorante

spogulis

espelho

spogulītis

espelho de mão

skuveklis

barbeador

skūšanās putas

espuma de barbear

losjons pēc skūšanās

loção pós-barba

ķemme

pente

matu suka

escova

matu fēns

secador de cabelo

matu laka

spray de cabelo

grima komplekts

maquiagem

lūpu krāsa

batom

nagulaka

esmalte de unhas

vate

algodão

šķērītes

tesoura para unhas

smaržas

perfume

kosmētikas maks

nécessaire

ķeblītis

banquinho

svari

balança

halāts

roupão de banho

tīrīšanas cimdi

luvas de borracha

tampons

absorvente interno

pakete

absorvente íntimo

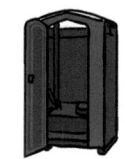

ķīmiskā tualete

banheiro químico

bērnu istaba
quarto de criança

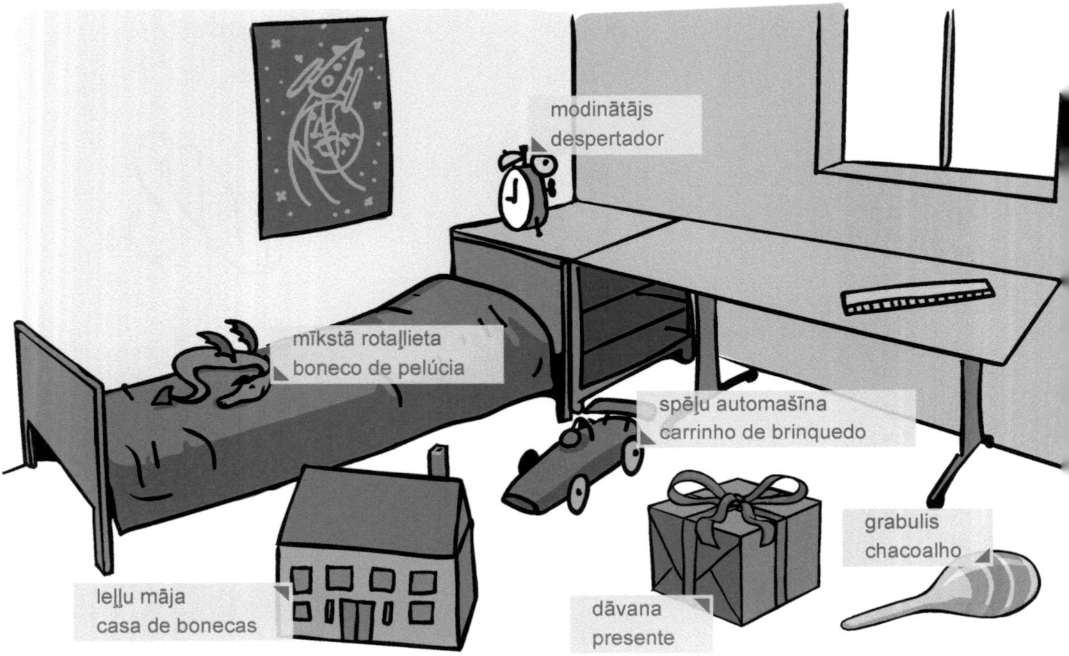

modinātājs
despertador
mīkstā rotaļlieta
boneco de pelúcia
spēļu automašīna
carrinho de brinquedo
grabulis
chacoalho
leļļu māja
casa de bonecas
dāvana
presente

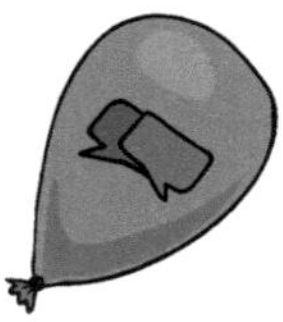

balons
....
balão

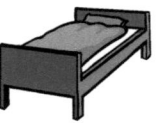

gulta
....
cama

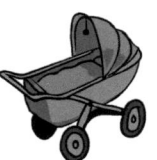

bērnu ratiņi
....
carrinho de bebê

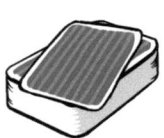

kārtis
....
jogo de cartas

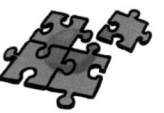

puzle
....
quebra-cabeças

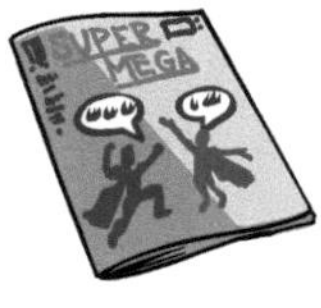

komikss
....
revista de quadrinhos

LEGO klucīši

peças de Lego

klucīši

blocos de construção

varoņu figūra

figura de ação

rāpulītis

macaquinho de bebê

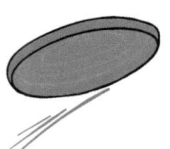

lidojošais šķīvītis

frisbee

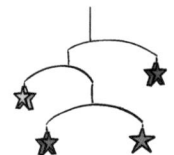

muzikālais karuselis

móbile para bebé

galda spēle

jogo de tabuleiro

metamais kauliņš

dados

rotaļu dzelzceļš

trenzinho elétrico

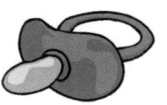

māneklis

chupeta

ballīte

festa

bilžu grāmata

livro ilustrado

bumba

bola

lelle

boneca

spēlēt

brincar

smilšu kaste

caixa de areia

šūpoles

balanço

rotaļlietas

brinquedos

spēļu konsole

videogame

trīsritenis

triciclo

plīša lācītis

ursinho de pelúcia

drēbju skapis

guarda-roupa

apģērbs
vestuário

īszeķes

meias

zeķes

meias pelo joelho

zeķbikses

meias-calças

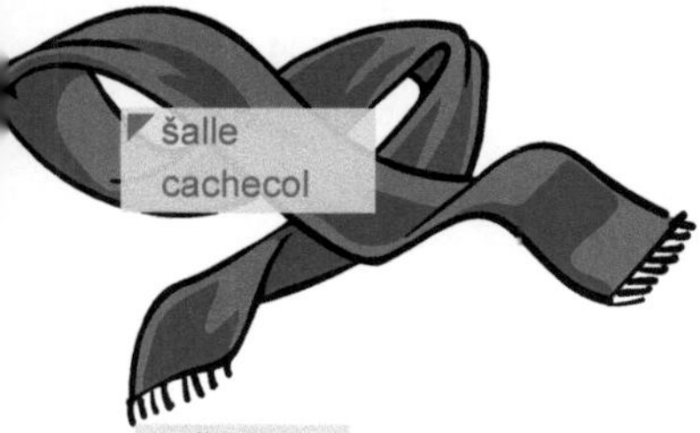

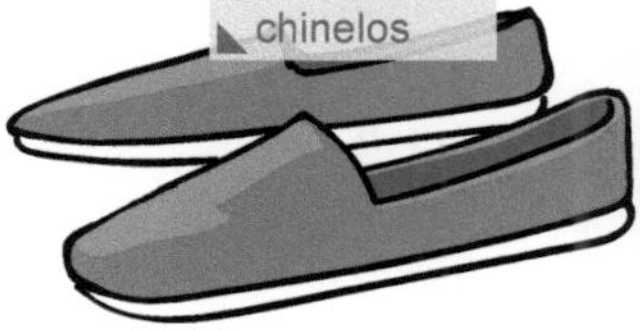

šalle
cachecol

lietussargs
guarda-chuva

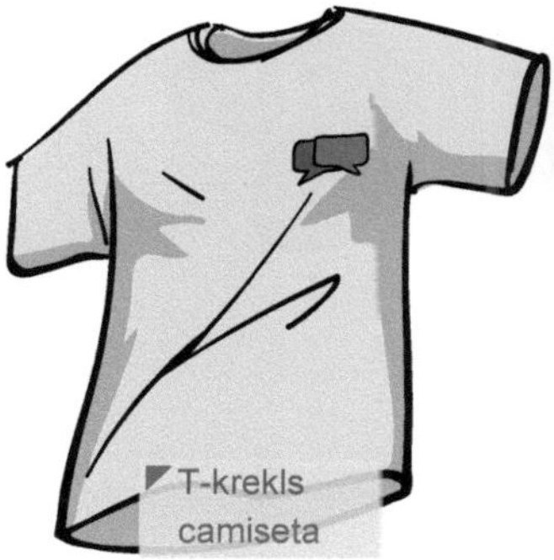

siksna
cinto

T-krekls
camiseta

zābaks
botas

čības
chinelos

botas
tēnis

sandales
....
sandálias

kurpes
....
sapatos

gumijas zābaki
....
botas de borracha

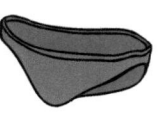

apakšbikses
....
roupa de baixo

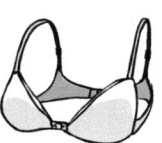

krūšturis
....
sutiã

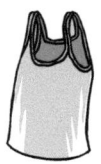

apakškrekls
....
camiseta de baixo

bodijs

body

bikses

calças

džinsi

jeans

svārki

saia

blūze

blusa

krekls

camisa

pulovers

pulôver

džemperis

suéter com capuz

žakete

blazer

jaka

jaqueta

mētelis

casaco

lietus mētelis

gabardine

kostīms

traje

kleita

vestido

kāzu kleita

vestido de casamento

uzvalks

terno

naktskrekls

camisola

pidžama

pijama

sari

sari

lakats

lenço de cabeça

turbāns

turbante

burka

burca

kaftāns

cafetã

abaja

abaya

peldkostīms

maiô

peldbikses

sunga

šorti

shorts

treniņtērps

roupa de treino

priekšauts

avental

cimdi

luvas

poga

botão

brilles

óculos

rokassprādze

pulseira

kaklarota

colar

gredzens

anel

auskars

brinco

cepure

boné

drēbju pakaramais

cabide

platmale

chapéu

kaklasaite

gravata

rāvējslēdzējs

zíper

ķivere

capacete

bikšturi

suspensórios

skolas forma

uniforme escolar

uniforma

uniforme

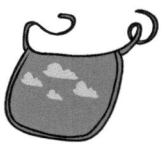

priekšautiņš

babador

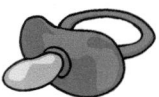

māneklis

chupeta

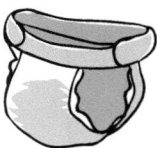

autiņbiksītes

fralda

birojs
escritório

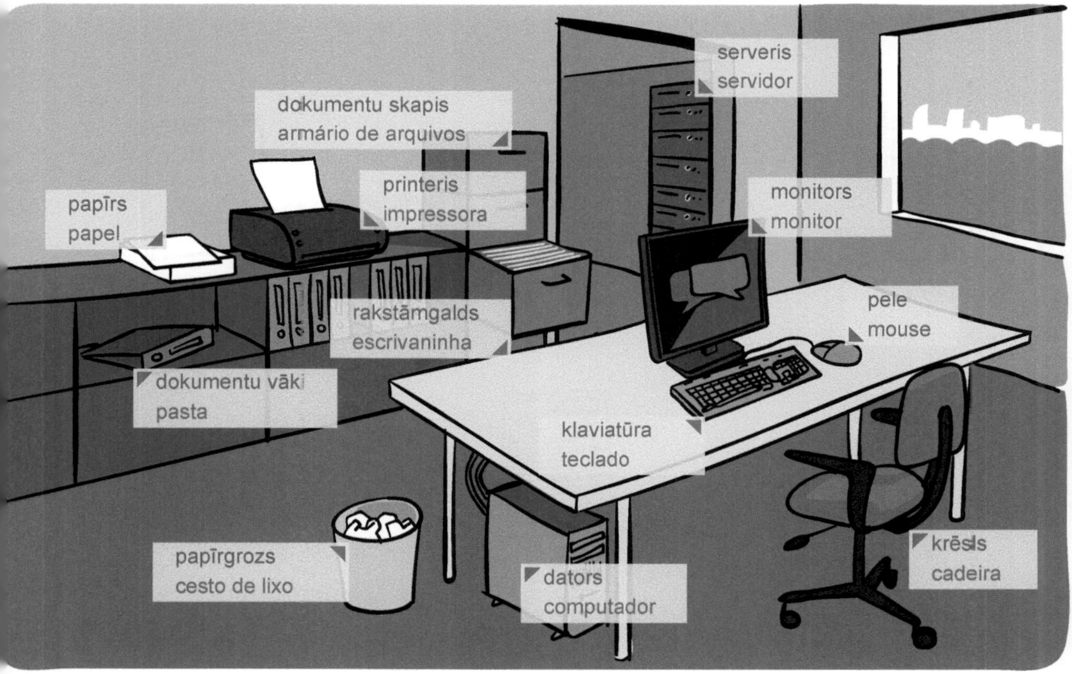

serveris
servidor
dokumentu skapis
armário de arquivos
papīrs
papel
printeris
impressora
monitors
monitor
rakstāmgalds
escrivaninha
pele
mouse
dokumentu vāki
pasta
klaviatūra
teclado
papīrgrozs
cesto de lixo
krēsls
cadeira
dators
computador

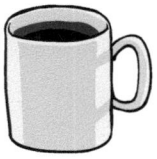

kafijas krūze

xícara de café

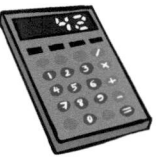

kalkulators

calculadora

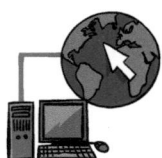

internets

internet

portatīvais dators
laptop

vēstule
carta

ziņa
mensagem

mobilais tālrunis
celular

tīkls
rede

kopētājs
copiadora

programmatūra
software

telefons
telefone

rozete
tomada

faksa aparāts
fax

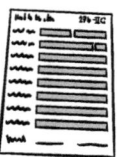

formulārs
formulário

dokuments
documento

pirkt

comprar

samaksāt

pagar

tirgot

negociar

nauda

dinheiro

dolārs

Dólar

eiro

Euro

jēna

Yen

rublis

rublo

franks

franco suíço

juaņa renminbi

renminbi yuan

rūpija

rupia

bankomāts

caixa eletrônico

valūtas maiņas punkts

casa de câmbio

zelts

ouro

sudrabs

prata

nafta

petróleo

enerģija

energia

cena

preço

līgums

contrato

nodoklis

imposto

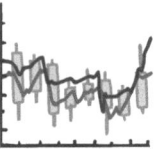

akcija

ação

strādāt

trabalhar

darbinieks

empregado

darba devējs

empregador

fabrika

fábrica

veikals

loja

ekonomika - economia

policists
policial

ugunsdzēsējs
bombeiro

pavārs
cozinheiro

ārsts
médico

pilots
piloto

dārznieks

jardineiro

galdnieks

marceneiro

šuvēja

costureira

tiesnesis

juiz

ķīmiķis

químico

aktieris

ator

autobusa vadītājs

motorista de ônibus

taksometra vadītājs

motorista de táxi

zvejnieks

pescador

apkopēja

faxineira

jumiķis

telhador

viesmīlis

garçom

mednieks

caçador

gleznotājs

pintor

maiznieks

padeiro

elektriķis

eletricista

celtnieks

construtor

inženieris

engenheiro

miesnieks

açougueiro

skārdnieks

encanador

pastnieks

carteiro

karavīrs

soldado

arhitekts

arquiteto

kasieris

caixa

florists

florista

frizieris

cabelereiro

konduktors

condutor

mehāniķis

mecânico

kapteinis

capitão

zobārsts

dentista

zinātnieks

cientista

rabīns

rabino

imāms

imam

mūks

monge

mācītājs

pastor

instrumenti
ferramentas

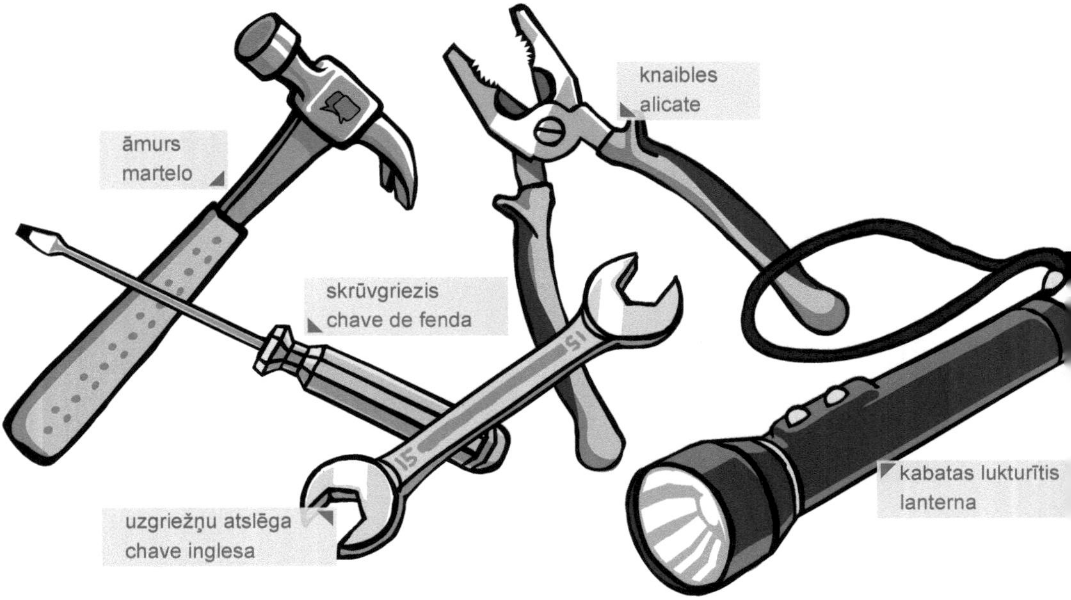
āmurs
martelo
knaibles
alicate
skrūvgriezis
chave de fenda
uzgriežņu atslēga
chave inglesa
kabatas lukturītis
lanterna

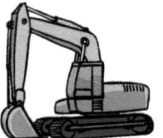

ekskavators

escavadora

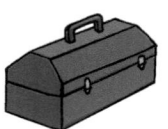

instrumentu kaste

caixa de ferramentas

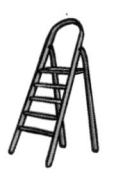

kāpnes

escada de mão

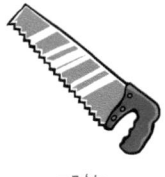

zāģis

serra

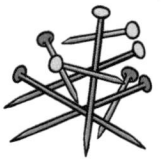

naglas

pregos

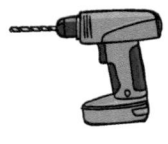

urbis

furadeira

remontēt
consertar

lāpsta
pá

Velns!
Droga!

liekšķere
pá de lixo

krāsas bundža
pote de tinta

skrūves
parafusos

mūzikas instrumenti
instrumentos musicais

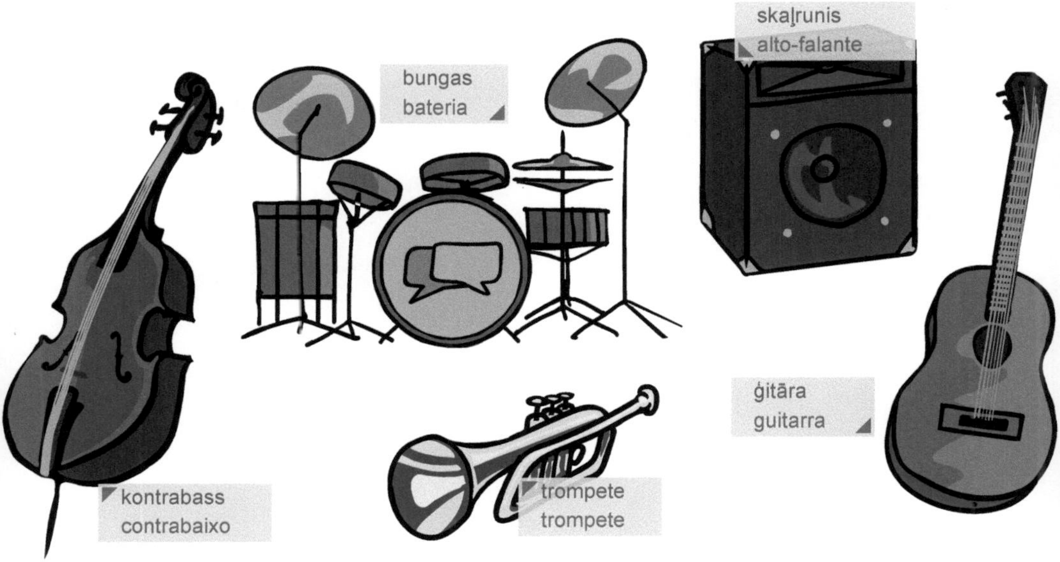

bungas
bateria

skaļrunis
alto-falante

kontrabass
contrabaixo

trompete
trompete

ģitāra
guitarra

klavieres

piano

vijole

violino

bass

baixo

timpāni

timbales

bungas

tambor

digitālās klavieres

teclado

saksofons

saxofone

flauta

flauta

mikrofons

microfone

zooloģiskais dārzs

zoológico

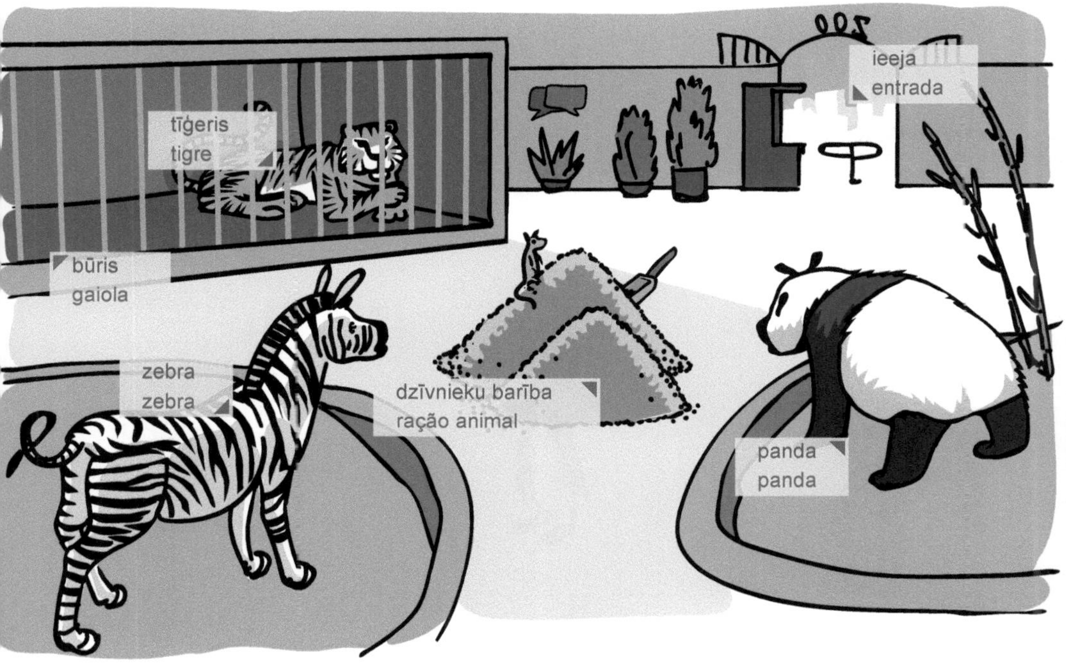

ieeja
entrada
tīģeris
tigre
būris
gaiola
zebra
zebra
dzīvnieku barība
ração animal
panda
panda

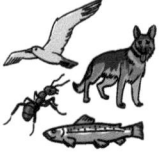

dzīvnieki

animais

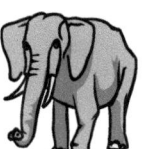

zilonis

elefante

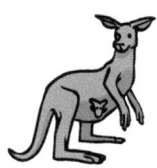

ķengurs

canguru

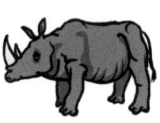

degunradzis

rinoceronte

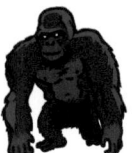

gorilla

gorila

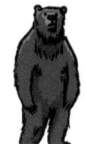

lācis

urso

kamielis

camelo

strauss

avestruz

lauva

leão

pērtiķis

macaco

flamings

flamingo

papagailis

papagaio

polārlācis

urso polar

pingvīns

pinguim

haizivs

tubarão

pāvs

pavão

čūska

cobra

krokodils

crocodilo

zoodārza sargs

guarda do zoológico

ronis

foca

jaguārs

jaguar

ponijs

pônei

leopards

leopardo

nīlzirgs

hipopótamo

žirafe

girafa

ērglis

águia

meža cūka

javali

zivs

peixe

bruņurupucis

tartaruga

valzirgs

morsa

lapsa

raposa

gazele

gazela

amerikāņu futbols
futebol americano

riteņbraukšana
ciclismo

teniss
tênis

basketbols
basquete

peldēšana
natação

hokejs
hóquei no gelo

bokss
boxe

futbols
futebol

badmintons
badminton

vieglatlētika
atletismo

rokas bumba
handebol

slēpošana
esqui

polo
polo

lēkt
pular

smieties
rir

apskaut
abraçar

iet
andar

dziedāt
cantar

sapņot
sonhar

lūgt
rezar

skūpstīt
beijar

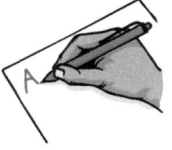

rakstīt

escrever

zīmēt

desenhar

rādīt

mostrar

spiest

empurrar

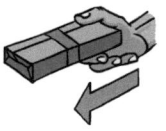

dot

dar

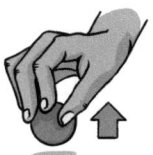

ņemt

tomar

būt
ter

darīt
fazer

būt
ser

stāvēt
ficar de pé

skriet
correr

vilkt
puxar

mest
jogar

krist
cair

gulēt
deitar

gaidīt
esperar

nest
carregar

sēdēt
sentar

uzģērbt
vestir

gulēt
dormir

pamosties
despertar

skatīties

olhar para

raudāt

chorar

glāstīt

acariciar

ķemmēt

pentear

runāt

falar

saprast

entender

jautāt

perguntar

dzirdēt

ouvir

dzert

beber

ēst

comer

sakārtot

arrumar

mīlēt

amar

vārīt

cozinhar

braukt

dirigir

lidot

voar

burot

velejar

rēķināt

calcular

lasīt

ler

mācīties

aprender

strādāt

trabalhar

precēties

casar

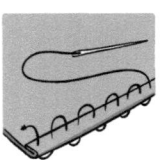

šūt

costurar

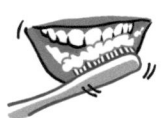

tīrīt zobus

escovar os dentes

nogalināt

matar

smēķēt

fumar

sūtīt

enviar

vecāmāte
avó

vectēvs
avô

tēvs
pai

māte
mãe

mazulis
bebê

meita
filha

dēls
filho

viesis

convidado

tante

tia

onkulis

tio

brālis

irmão

māsa

irmã

ķermenis
corpo

piere
testa
acs
olho
plecs
ombro
pirksts
dedo
seja
rosto
zods
queixo
roka
mão
krūtis
peito
kāja
perna
roka
braço

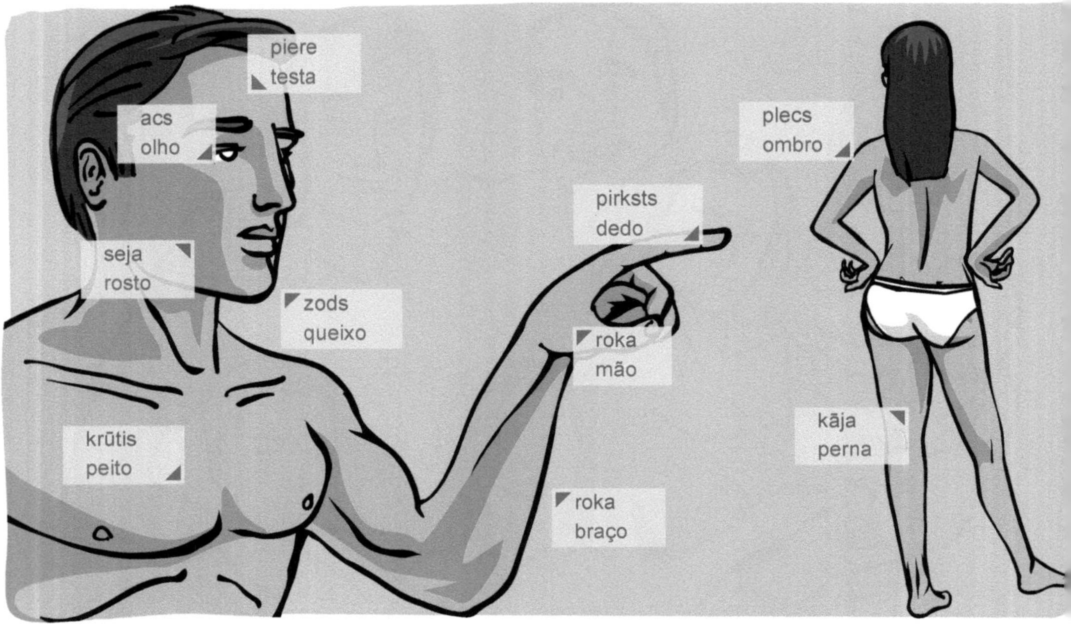

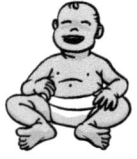

mazulis

bebê

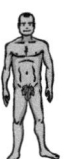

vīrietis

homem

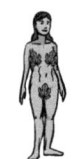

sieviete

mulher

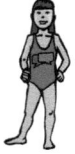

meitene

menina

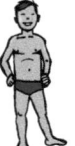

zēns

menino

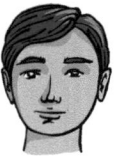

galva

cabeça

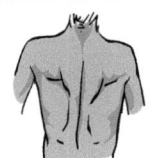

mugura

costas

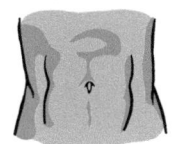

vēders

barriga

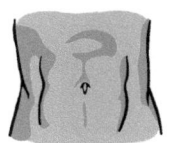

naba

umbigo

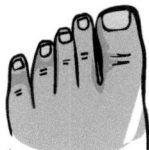

kājas pirksts

dedo do pé

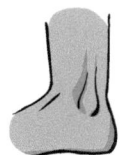

papēdis

calcanhar

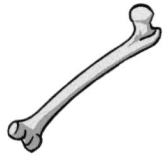

kauls

osso

gurns

anca

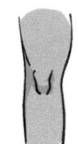

celis

joelho

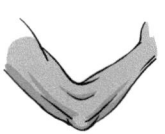

elkonis

cotovelo

deguns

nariz

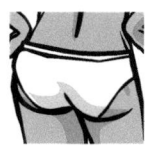

dibens

nádegas

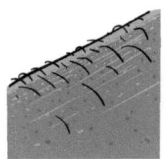

āda

pele

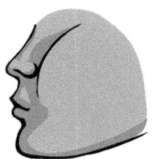

vaigs

bochecha

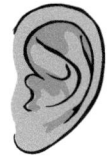

auss

orelha

lūpa

lábio

mute
boca

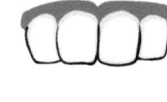

zobs
dente

mēle
língua

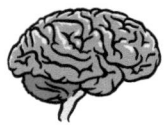

smadzenes
cérebro

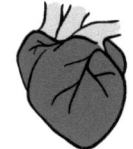

sirds
coração

muskulis
músculo

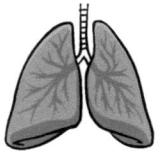

plaušas
pulmão

aknas
fígado

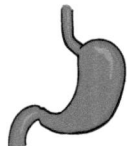

kuņģis
estômago

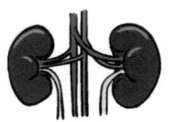

nieres
rins

dzimumakts
relações sexuais

kondoms
preservativo

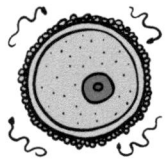

olšūna
óvulo

sperma
esperma

grūtniecība
gravidez

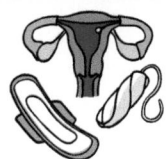

menstruācijas

menstruação

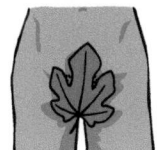

vagīna

vagina

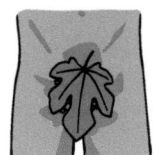

penis

pênis

uzacs

sobrancelha

mati

cabelo

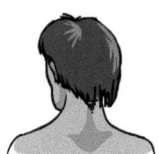

kakls

pescoço

slimnīca
hospital

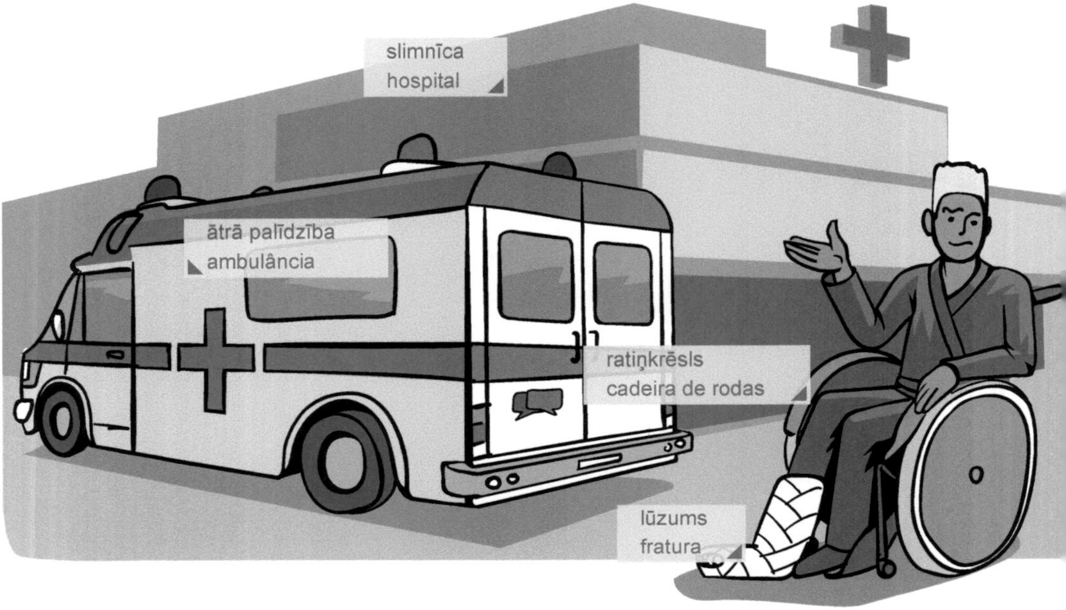

slimnīca
hospital
ātrā palīdzība
ambulância
ratiņkrēsls
cadeira de rodas
lūzums
fratura

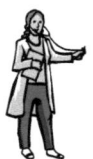

ārsts

médico

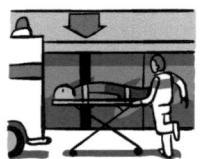

neatliekamās palīdzības nodaļa

pronto-socorro

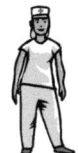

medmāsa

enfermeira

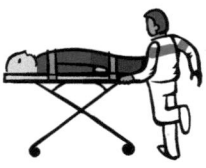

ārkārtas gadījums

emergência

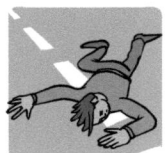

paģībis

inconsciente

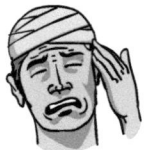

sāpes

dor

ievainojums

ferimento

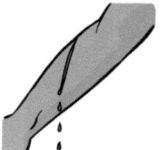

asiņošana

hemorragia

sirdslēkme

ataque cardíaco

insults

acidente vacular cerebral

alerģija

alergia

klepus

tosse

temperatūra

febre

gripa

gripe

caureja

diarreia

galvassāpes

dor de cabeça

vēzis

câncer

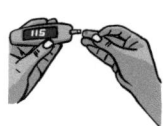

diabēts

diabetes

ķirurgs

cirurgião

skalpelis

bisturi

operācija

operação

datortomogrāfija

CT

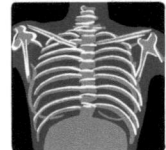

rentgents

raio x

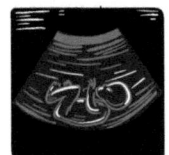

ultraskaņa

ultrassom

sejas maska

máscara

slimība

doença

uzgaidāmā telpa

sala de espera

kruķis

muleta

plāksteris

bandeide

apsējs

ligadura

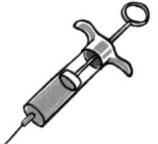

injekcija

injeção

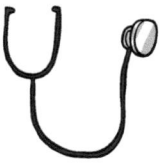

stetoskops

estetoscópio

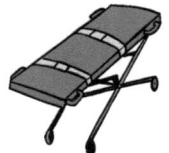

nestuves

maca

termometrs

termômetro

dzemdības

nascimento

liekais svars

excesso de peso

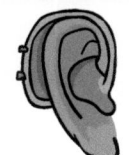

dzirdes aparāts

aparelho auditivo

dezinfekcijas līdzeklis

desinfetante

infekcija

infecção

vīruss

vírus

HIV / AIDS

HIV / AIDS

zāles

medicamento

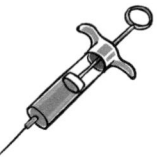

pote

vacinação

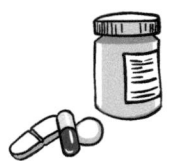

tabletes

comprimidos

pretapaugļošanās tabletə

pílula

ārkārtas izsaukums

chamada de emergência

asinsspiediena mērītājs

dispositivo de medição de
pressão arterial

slims / vesels

doente / saudável

Palīgā!

Socorro!

trauksme

alarme

uzbrukums

assalto

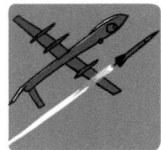

uzbrukums

ataque

bīstamība

perigo

avārijas izeja

saída de emergência

Uguns!

Fogo!

ugunsdzēšamais aparāts

extintor de incêndios

negadījums

acidente

pirmās palīdzības aptieciņa

maleta de primeiros socorros

SOS

SOS

policija

polícia

Eiropa

Europa

Ziemeļamerika

América do Norte

Dienvidamerika

América do Sul

Āfrika

África

Āzija

Ásia

Austrālija

Austrália

Atlantijas okeāns

Atlântico

Klusais okeāns

Pacífico

Indijas okeāns

Oceano Índico

Dienvidu okeāns

Oceano Antártico

Ziemeļu ledus okeāns

Oceano Ártico

Ziemeļpols

Polo Norte

Dienvidpols
Polo Sul

Antarktika
Antártica

zeme
Terra

zeme
terra

jūra
mar

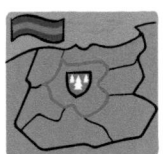

sala
ilha

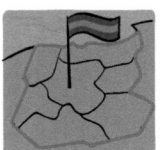

nācija
nação

valsts
estado

ciparnīca

mostrador do relógio

stundu rādītājs

ponteiro das horas

minūšu rādītājs

ponteiro dos minutos

sekunžu rādītājs

ponteiro dos segundos

Cik ir pulkstenis?

Que horas são?

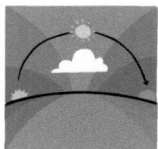

diena

dia

laiks

tempo

tagad

agora

digitālais pulkstenis

relógio digital

minūte

minuto

stunda

hora

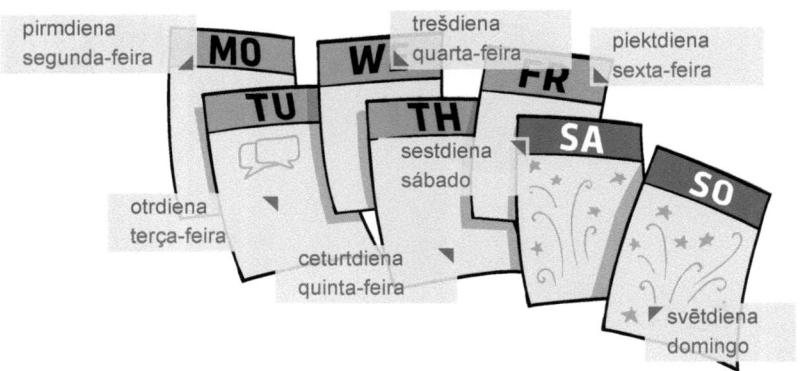

pirmdiena
segunda-feira

otrdiena
terça-feira

trešdiena
quarta-feira

ceturtdiena
quinta-feira

piektdiena
sexta-feira

sestdiena
sábado

svētdiena
domingo

vakardien

ontem

šodien

hoje

rītdien

amanhã

rīts

manhã

pusdienlaiks

meio-dia

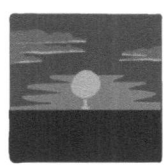

vakars

entardecer

MO	TU	WE	TH	FR	SA	SU
1	2	3	4	5	6	7
8	9	10	11	12	13	14
15	16	17	18	19	20	21
22	23	24	25	26	27	28
29	30	31	1	2	3	4

darbadienas

dias úteis

MO	TU	WE	TH	FR	SA	SU
1	2	3	4	5	6	7
8	9	10	11	12	13	14
15	16	17	18	19	20	21
22	23	24	25	26	27	28
29	30	31	1	2	3	4

brīvdienas

fim de semana

gads
ano

lietus
chuva
varavīksne
arco-íris
sniegs
neve
vējš
vento
pavasaris
primavera
rudens
outono
vasara
verão
ziema
inverno

4.APRIL 11°
5.APRIL 4°
6.APRIL 13°
7.APRIL 8°
8.APRIL 10°

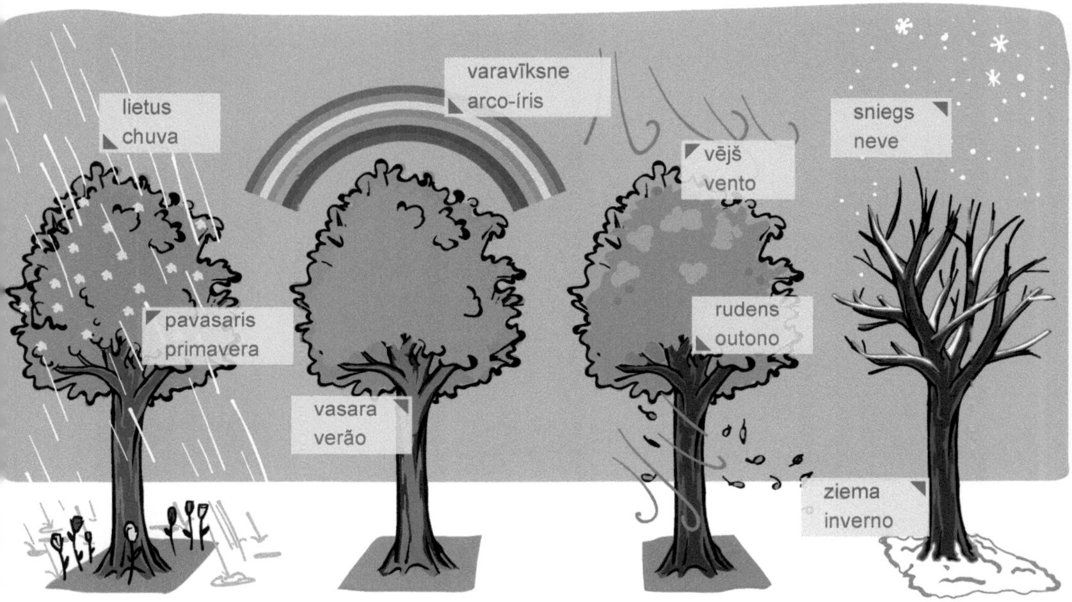

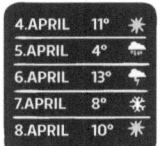

laika prognoze

previsão do tempo

F
C
120
90
60
30
0
-30
40
30
20
10
0
-10
-20

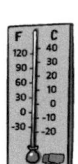

termometrs

termômetro

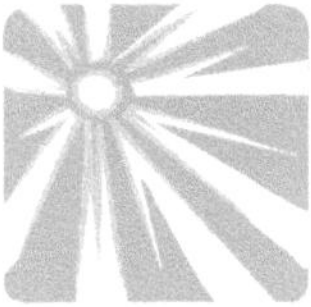

saules gaisma

raio de sol

mākonis

nuvem

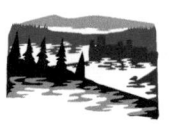

migla

neblina / nevoeiro

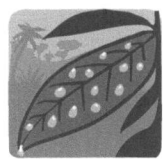

gaisa mitrums

umidade do ar

zibens

relâmpago

pērkons

trovão

vētra

tempestade

krusa

granizo

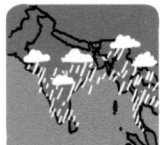

musons

monção

plūdi

inundação

ledus

gelo

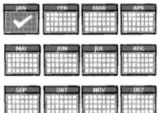

janvāris

janeiro

februāris

fevereiro

marts

março

aprīlis

abril

maijs

maio

jūnijs

junho

jūlijs

julho

augusts

agosto

gads - ano

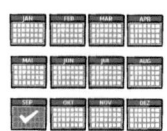

septembris

setembro

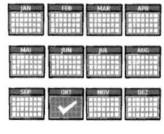

oktobris

outubro

novembris

novembro

decembris

dezembro

aplis

círculo

kvadrāts

quadrado

četrstūris

retângulo

trīsstūris

triângulo

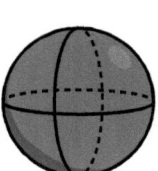

lode

esfera

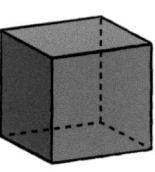

kubs

cubo

balts
branco

dzeltens
amarelo

oranžs
laranja

sārts
rosa

sarkans
vermelho

lillā
lilás

zils
azul

zaļš
verde

brūns
marrom

pelēks
cinza

melns
preto

daudz / maz

muito / pouco

saniknots / miermīlīgs

furioso / tranquilo

skaists / neglīts

lindo / feio

sākums / beigas

começo / fim

liels / mazs

grande / pequeno

gaišs / tumšs

claro / escuro

brālis / māsa

irmão / irmã

tīrs / netīrs

limpo / sujo

pilnīgs / nepilnīgs

completo / incompleto

diena / nakts

dia / noite

miris / dzīvs

morto / vivo

plats / šaurs

largo / estreito

baudāms / nebaudāms

comestível / não comestível

nikns / laipns

mau / gentil

satraukts / garlaikots

entusiasmado / entediado

resns / tievs

gordo / magro

pirmais /pēdējais

primeiro / último

draugs / ienaidnieks

amigo / inimigo

pilns / tukšs

cheio / vazio

ciets / mīksts

duro / macio

smags / viegls

pesado / leve

izsalkums / slāpes

fome / sede

slims / vesels

doente / saudável

nelegāls / legāls

ilegal / legal

inteliģents / dumjš

inteligente / idiota

kreisais / labais

esquerda / direita

tuvu / tālu

perto / longe

jauns / lietots

novo / usado

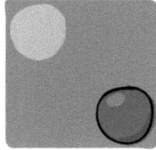

nekas / kaut kas

nada / alguma coisa

vecs / jauns

velho / jovem

ieslēgts / izslēgts

ligado / desligado

atvērts / slēgts

aberto / fechado

kluss / skaļš

baixo / alto

bagāts / nabags

rico / pobre

pareizi / nepareizi

certo / errado

raupjš / gluds

áspero / liso

noskumis / laimīgs

triste / feliz

īss / garš

curto / longo

lēns / ātrs

lento / rápido

slapjš / sauss

molhado / seco

silts / vēss

ameno / fresco

karš / miers

guerra / paz

0

nulle

zero

1

viens

um

2

divi

dois

3

trīs

três

4

četri

quatro

5

pieci

cinco

6

seši

seis

7

septiņi

sete

8

astoņi

oito

9

deviņi

nove

10

desmit

dez

11

vienpadsmit

onze

12

divpadsmit

doze

13

trīspadsmit

treze

14

četrpadsmit

quatorze

15

piecpadsmit

quinze

16

sešpadsmit

dezesseis

17

septiņpadsmit

dezessete

18

astoņpadsmit

dezoito

19

deviņpadsmit

dezenove

20

divdesmit

vinte

100

simts

cem

1.000

tūkstotis

mil

1.000.000

miljons

milhão

angļu

inglês

amerikāņu angļu

inglês americano

ķīniešu mandarīnu valoda

chinês mandarim

hindi

hindi

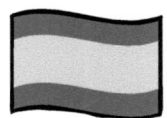

spāņu

espanhol

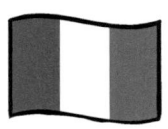

franču

francês

arābu

árabe

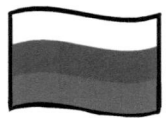

krievu

russo

portugāļu

português

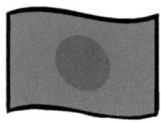

bengāļu

bengalês

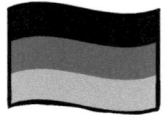

vācu

alemão

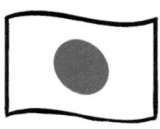

japāņu

japonês

es
eu

tu
você

viņš / viņa
ele / ela

mēs
nós

jūs
vocês

viņi / viņas
eles / elas

kas?
quem?

ko?
O quê?

kā?
como?

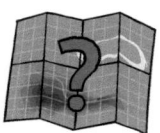

kur?
onde?

kad?
Quando?

vārds
nome

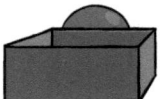

aiz

atrás

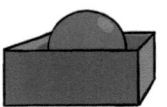

iekšā

em

priekšā

na frente de

virs

sobre

uz

em cima

zem

debaixo

blakus

do lado

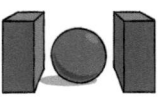

starp

entre

vieta

lugar